Dans la collection
Mes premiers docs

animaux de la banquise
animaux du bord de l'eau
animaux des champs
animaux du désert
animaux de la ferme
animaux de la forêt
animaux des jardins
animaux de la jungle
animaux de la mer (disponible aussi avec des figurines)
animaux de la montagne
animaux de la savane

l'aéroport
le chantier
le cirque
la conquête spatiale
la danse classique
les dinosaures (disponible aussi avec des figurines)
étoiles et planètes
la ferme
la forêt
fruits et légumes
l'hôpital
les instruments de musique
les moyens de transport
les pompiers
le poney-club
le port
la ruche
les volcans
le zoo

www.editionsmilan.com

Loi 49.956 du 16.07.1949.
ISBN : 2.7459.1939.3

Dépôt légal : 3e trimestre 2005

Imprimé en Belgique

8 Le commissariat

Le commissariat est aussi appelé « hôtel de police ». C'est ici que se trouvent les bureaux de la police. On peut y entrer librement pour demander l'aide des policiers.

Le commissariat se trouve toujours en ville.

Le commissariat central ne ferme jamais. En cas d'urgence, le commissaire et le lieutenant de police peuvent être réveillés en pleine nuit pour intervenir.

Le commissaire dirige toute l'équipe et organise les enquêtes.

Différentes missions

La police est là pour maintenir l'ordre, assurer la sécurité des gens, lutter contre les malfaiteurs et surveiller le pays pour le protéger (contre des terroristes, par exemple).

Le lieutenant de police mène les enquêtes, interroge les suspects et note tout dans un rapport.

Les bureaux abritent différents services : ceux de la surveillance des rues, des patrouilles, de police secours, de la circulation, du stationnement...

10 La gendarmerie

À la campagne, il n'y a pas de commissariats mais des gendarmeries. Les gendarmes habitent et travaillent dans la caserne. Ils font le même métier que les policiers.

Dans les villages, les gendarmes connaissent bien les habitants. Ils sont aussi présents dans les villes, où ils ont les mêmes missions que les policiers.

Les gendarmes sont des militaires, ils font partie de l'armée. Ils participent à la défense du pays, par exemple en surveillant des endroits importants comme les aéroports.

Le rôle des gendarmes

Tu vois souvent les gendarmes surveiller la circulation. Mais ils ne font pas que cela ! Ils agissent dans de nombreux domaines pour maintenir la sécurité des gens et veiller à ce que les lois soient respectées.

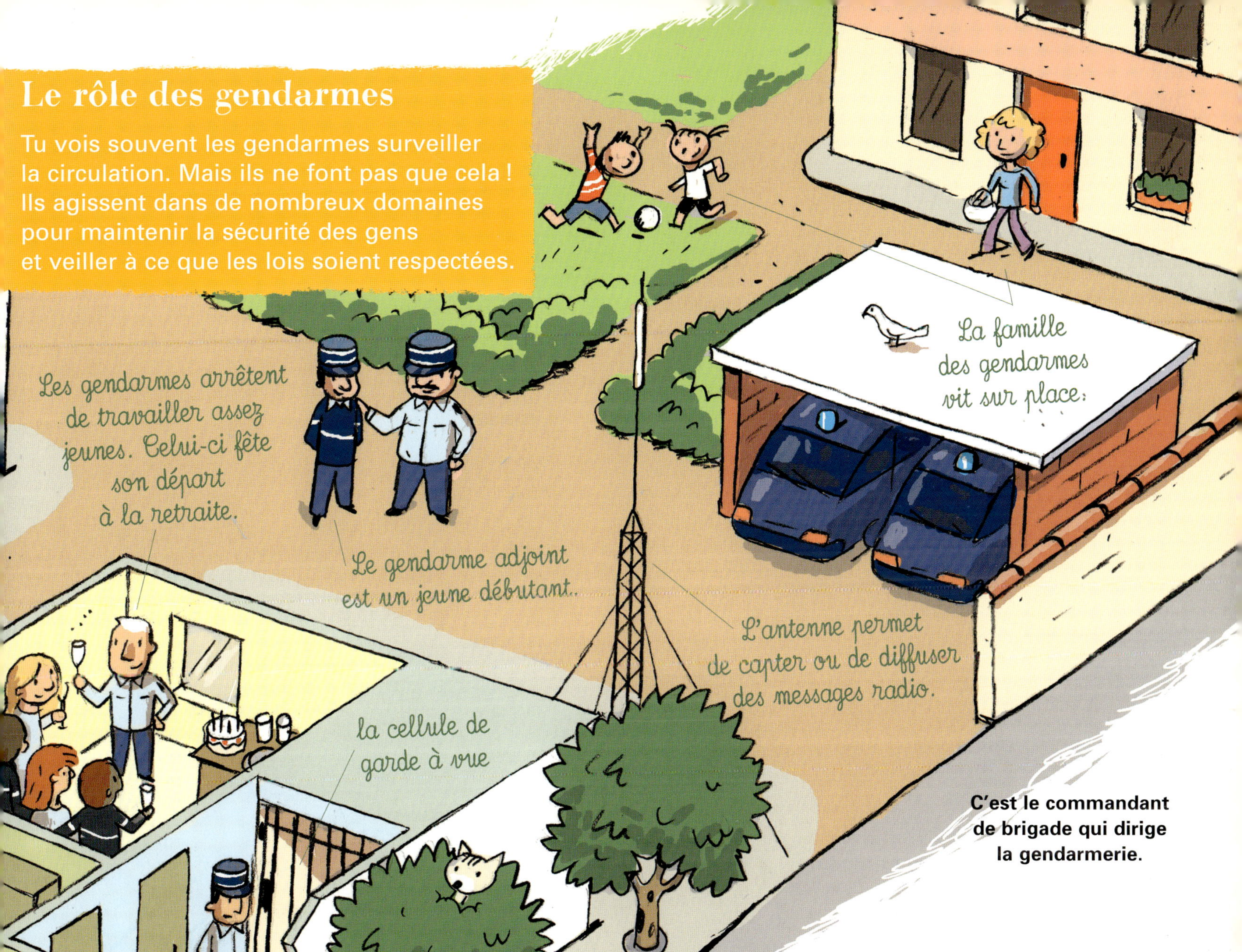

C'est le commandant de brigade qui dirige la gendarmerie.

La nuit, quand quelqu'un téléphone, son appel arrive au centre opérationnel du département. Si c'est très urgent, les gendarmes de service peuvent intervenir en moins de 18 minutes. Et ils peuvent contacter la police, les pompiers ou le SAMU.

12 Au nom de la loi

Pour vivre ensemble, il faut des règles, qui soient les mêmes pour tous. Ce sont les lois. Ceux qui ne les respectent pas ont affaire aux « forces de l'ordre » et à la justice…

L'arrestation

Au voleur ! Ce cambrioleur est pris en flagrant délit, c'est-à-dire en train de commettre un acte interdit par la loi. La police judiciaire l'arrête. Allez, au poste !

Le plus souvent, c'est pour des vols ou des bagarres que la police intervient.

Les bavures

Il arrive qu'un policier ne respecte pas la loi et soit brutal avec un suspect. On parle alors de bavure. Dans ce cas, il est puni lui aussi. La « police des polices » surveille justement les actes des policiers.

Quand il n'y a pas de preuves que le suspect est coupable, c'est le rôle des policiers ou des gendarmes d'en rechercher.

Le lieutenant de police rédige un procès-verbal : il y note ce qui est dit pendant l'interrogatoire.

L'interrogatoire

Au commissariat, le suspect est interrogé et mis en garde à vue : il n'a pas le droit de sortir de sa cellule pendant 2 jours. Puis, en attendant d'être jugé, il ira en prison car son acte est grave : le voleur était armé.

Le jugement

Au tribunal, le juge, après les conclusions des jurés, décide de la peine à appliquer. Plus l'acte est grave, plus la peine est sévère. Parfois, après avoir été arrêté, le suspect attend de longs mois pour passer en jugement !

La punition

Une fois jugé, le condamné est conduit en prison (on dit aussi la maison d'arrêt) par les policiers ou les gendarmes. Là, il reste emprisonné plus ou moins longtemps. D'autres peines existent : payer une amende ou travailler gratuitement pour réparer ses erreurs, quand ce n'est pas trop grave.

En France, la peine de mort n'existe plus. Mais elle existe encore dans de nombreux pays : dans ces endroits, le juge peut ordonner que le coupable soit exécuté.

Qui fait les lois ?

Ce sont les députés (élus par le peuple) et les sénateurs qui votent les lois proposées par le gouvernement (qui dirige le pays). Sans elles, les plus forts écraseraient sans cesse les plus faibles, et chacun chercherait à se venger par soi-même !

14 En tenue

Grâce à leur uniforme, on les reconnaît bien ! Les gendarmes sont toujours en tenue. La plupart des policiers aussi, mais pour enquêter discrètement, certains sont en civil, c'est-à-dire habillés normalement.

La tenue des policiers

Elle est bleue et comporte une chemise et une veste, un pantalon, un ceinturon, une casquette, un sifflet… Leur insigne ressemble à une étoile de shérif !

Un policier ne doit utiliser son arme que si lui-même ou quelqu'un d'autre est en danger.

Le gilet pare-balles

Pour se protéger des gens qui voudraient leur tirer dessus, les policiers portent un gilet pare-balles sous leur chemise. Il est léger mais très résistant : les balles ne le traversent pas.

Les menottes

Si la personne qui est arrêtée résiste, se montre violente ou tente de fuir, le policier peut lui passer les menottes. Elles lui immobilisent les mains derrière le dos.

Les armes

Les policiers ont un pistolet et une matraque. Ils ont aussi des armes moins dangereuses comme le flash-ball, qui tire des balles en caoutchouc.

La tenue des gendarmes

En ville, les gendarmes portent une veste appelée vareuse et un képi. Pour les interventions, ils ont une nouvelle tenue plus pratique. La casquette remplace le képi... et tient mieux sur la tête !

tenue de ville

tenue d'intervention

Les galons

Les épaules et les manches portent des galons. Ils indiquent le grade du gendarme, c'est-à-dire la position que celui-ci occupe dans l'armée. Un général porte des étoiles, un sous-lieutenant (qui a moins de responsabilités) porte une bande.

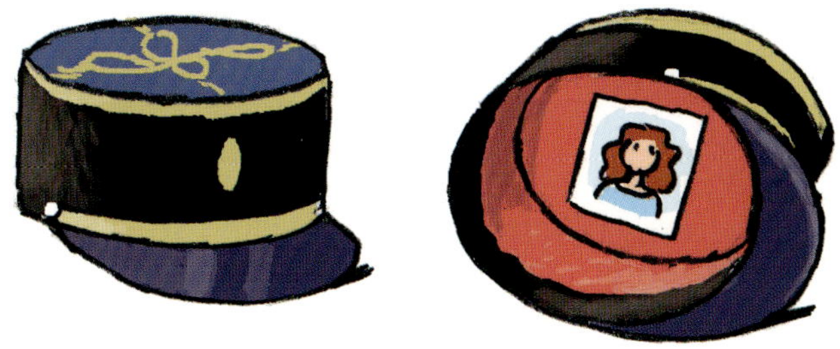

Le képi

À l'intérieur de son képi, le gendarme place souvent une photo, celle de quelqu'un qu'il aime, en général. La couleur de la cordelette et les écussons brodés dessus indiquent son grade et l'unité à laquelle il appartient.

tenue de ville

tenue de cérémonie

La tenue des femmes gendarmes

Elles ont les mêmes uniformes que les hommes... sauf qu'elles portent un chapeau (le postillon) à la place du képi. Pour les cérémonies (un défilé par exemple), les femmes sont en jupe et portent des gants blancs et un sabre de cavalerie.

16 Un métier risqué

Pour éviter que des gens ne mettent les autres en danger, les policiers et les gendarmes surveillent les rues. Mais ils courent des dangers eux aussi…

Des caméras de vidéosurveillance filment certains endroits. Elles sont reliées au commissariat qui peut agir plus vite en cas de vol ou d'attaque. Mais tout le monde n'apprécie pas d'être observé sans cesse.

L'agent de sécurité

À l'affût des voleurs, il surveille un magasin ou une entreprise. Il vérifie aussi qu'il n'y a pas de dangers (un incendie par exemple). Il n'a pas d'arme. Ce n'est ni un policier ni un gendarme.

À rollers, à vélo, à pied ou en voiture, les policiers patrouillent. Ils essaient d'intervenir avant que de gros problèmes se produisent.

Cet agent assure la sécurité des enfants à la sortie de l'école.

La police municipale est dirigée par la mairie de la ville.

La police contrôle les papiers de cet homme pour voir s'il est en règle.

La police regarde les cartes d'identité (qui prouvent comment on s'appelle, où et quand on est né...) pour vérifier que les gens ne sont pas recherchés. Si on est étranger, elle s'assure qu'on a le droit d'habiter et de travailler dans le pays.

Risquer sa vie

Il arrive que des policiers ou des gendarmes perdent la vie pendant leur travail. Un simple contrôle peut parfois très mal tourner ! Le travail des policiers est difficile. Ils sont souvent mal aimés, insultés. Parfois même on les agresse.
À force, certains craignent d'aller seuls dans des zones dangereuses.

18 Au secours, police !

Aïe, la fête tourne mal ! Et quel chahut ! Vite, une équipe de police secours intervient pour remettre de l'ordre et venir en aide au blessé.

À Paris, police secours reçoit plus de 1 000 appels téléphoniques par jour ! Ses membres interviennent à tout instant, de jour comme de nuit.

Ce service agit pour toutes les interventions urgentes : un accident de la circulation, une bagarre violente, une agression, un cambriolage...

Les équipes sont petites (3 ou 4 policiers), rapides et efficaces.

Police secours peut faire appel au SAMU pour soigner les blessés.

Il est interdit de faire du bruit pendant la nuit si cela dérange la tranquillité des autres personnes. Cela s'appelle du « tapage nocturne ».

Vite, le 17 !

Si on est en danger ou si on voit quelqu'un en danger urgent, il faut téléphoner au 17 (ou au 112 sur un portable). Un policier répond. Il contacte aussitôt les agents de police les plus proches et, selon le problème, les pompiers, le SAMU, EDF-GDF...

20 Pour se déplacer

Selon la mission à accomplir et le lieu de l'intervention, on utilise différents véhicules. Ceux de la gendarmerie sont plus variés et plus nombreux que ceux de la police.

La voiture de police

Elle sert aux patrouilles. À l'avant, le mot « Police » est écrit à l'envers pour être lu à l'endroit par les conducteurs dans leur rétroviseur. Ses vitres sont protégées. En cas d'intervention urgente, sa sirène retentit !

Le cheval du policier

À cheval, les policiers de la brigade équestre surveillent les rues, les parcs, les plages... Ils font des contrôles, attrapent des voleurs ou aident les promeneurs perdus. Le cheval attire les gens, qui parlent plus facilement aux policiers.

Le fourgon de police

Il transporte plusieurs policiers et du matériel. Il est équipé d'un gyrophare. Quand ce signal lumineux clignote, il y a urgence, il faut laisser passer le véhicule ! Le fourgon cellulaire sert à transporter les prisonniers.

La moto du gendarme

À moto, les gendarmes surveillent le trafic sur la route pour éviter des accidents. Puissante et pratique, elle permet de poursuivre des malfaiteurs ou des chauffards et d'escorter des convois. Les motocyclistes sont toujours par deux, pour s'aider.

Le véhicule blindé à roues de la gendarmerie (VBRG)

Le VBRG est très solide et très lourd ! Couvert d'acier, il ne craint pas les balles. Ce char transporte des gendarmes pour des missions difficiles en France et à l'étranger et pour maintenir l'ordre pendant des manifestations.

L'hélicoptère de la gendarmerie

Du haut de l'hélicoptère, les gendarmes observent la circulation. Comme il peut se poser partout, cet engin est idéal pour secourir des gens en montagne. Pour rechercher des personnes disparues, il peut être équipé d'une caméra capable de détecter quelqu'un dans la nuit.

22 Enquête sur le lieu du crime

Un meurtre a été commis dans cette chambre d'hôtel ! La police technique et scientifique cherche tous les indices possibles pour démasquer le coupable...

Une goutte de sang, un petit bout de tissu, un cheveu... les indices sont parfois microscopiques !

On commence par photographier tout en détail pour pouvoir mieux étudier le crime par la suite.

Des numéros indiquent la place des différents indices.

Ici tu vois des policiers, mais les gendarmes de l'Institut de recherche criminelle enquêtent de la même façon.

Le détective privé

Ce n'est pas un policier. Il est engagé et payé par une personne, et il enquête à sa demande. Par exemple, le détective peut rechercher un disparu.

Avec son appareil à rayon laser, ce scientifique détermine d'où cette balle a été tirée. Il l'emportera pour l'examiner de près.

La police interroge les gens et cherche des témoins. Pour en savoir plus sur la victime et comprendre pourquoi on l'a tuée, elle interrogera aussi ses amis, sa famille.

Grâce à certains appareils, des détails invisibles apparaissent, comme des empreintes de doigts. Ce sont peut-être celles de l'assassin ?

Le périmètre de sécurité protège la « scène du crime ». Il est interdit d'y entrer tant que les policiers n'ont pas tout examiné.

Filature et planque

Pour surveiller un suspect, les policiers le suivent discrètement. C'est la filature. Ils peuvent aussi l'espionner de loin, bien cachés, en utilisant des jumelles et des micros. Ils sont en planque.

24 L'enquête continue au laboratoire

Les indices relevés sur le lieu du crime sont envoyés au laboratoire de sciences légales pour y être étudiés de très près. Place aux scientifiques !

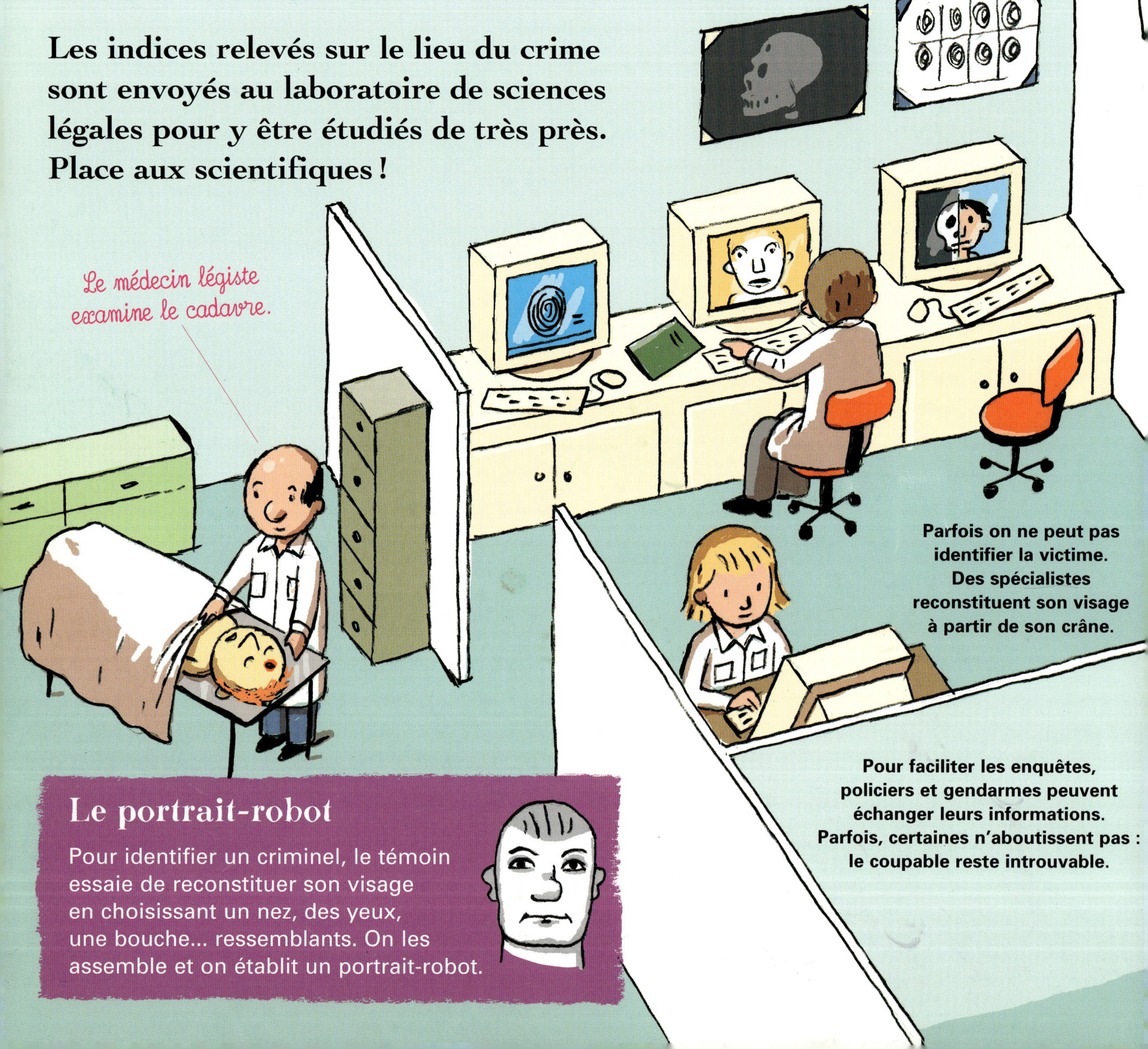

Parfois on ne peut pas identifier la victime. Des spécialistes reconstituent son visage à partir de son crâne.

Pour faciliter les enquêtes, policiers et gendarmes peuvent échanger leurs informations. Parfois, certaines n'aboutissent pas : le coupable reste introuvable.

Le portrait-robot

Pour identifier un criminel, le témoin essaie de reconstituer son visage en choisissant un nez, des yeux, une bouche... ressemblants. On les assemble et on établit un portrait-robot.

Chaque indice donne des informations précises. Il peut aussi prouver qu'un suspect est innocent, par exemple si l'indice ne lui appartient pas !

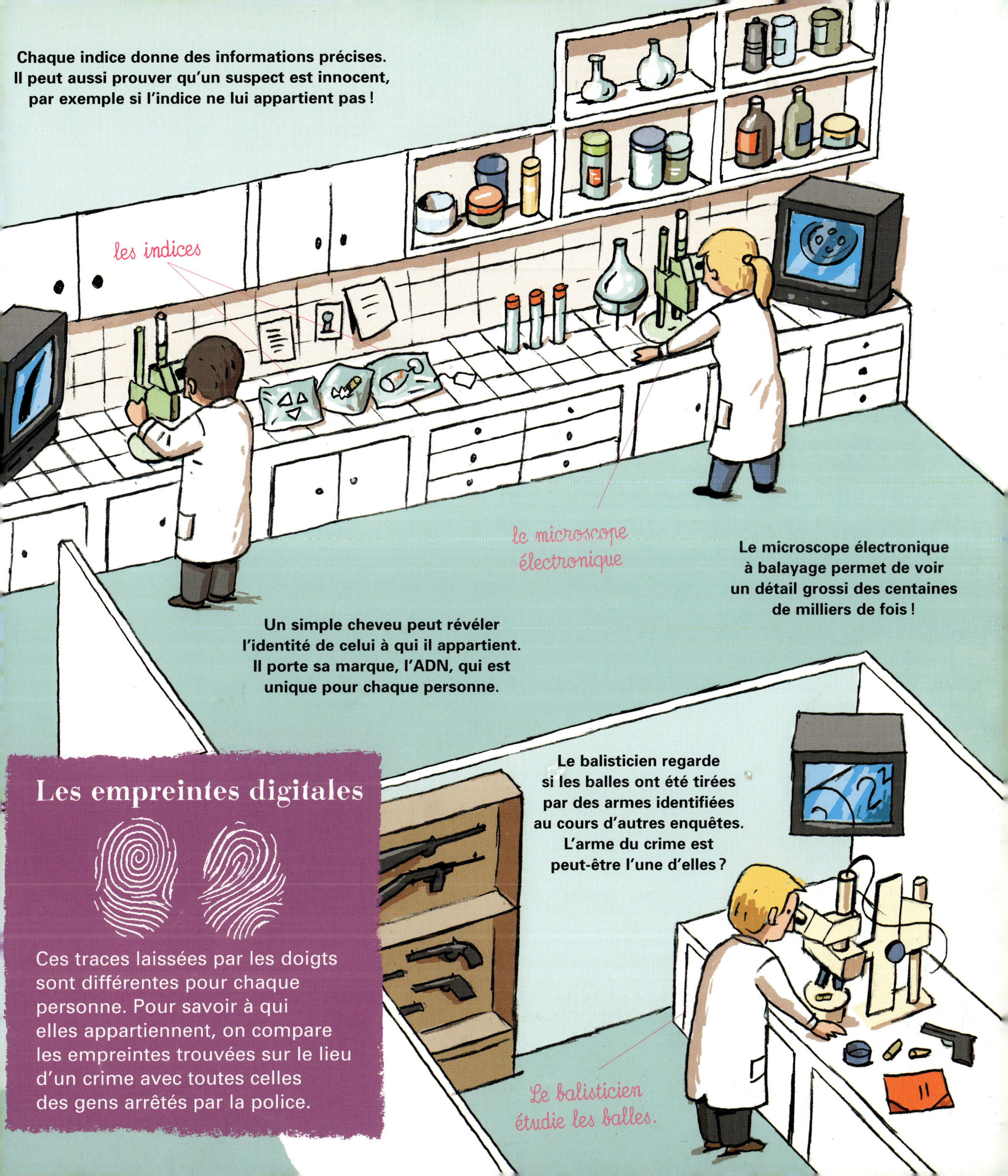

Le microscope électronique à balayage permet de voir un détail grossi des centaines de milliers de fois !

Un simple cheveu peut révéler l'identité de celui à qui il appartient. Il porte sa marque, l'ADN, qui est unique pour chaque personne.

Le balisticien regarde si les balles ont été tirées par des armes identifiées au cours d'autres enquêtes. L'arme du crime est peut-être l'une d'elles ?

Les empreintes digitales

Ces traces laissées par les doigts sont différentes pour chaque personne. Pour savoir à qui elles appartiennent, on compare les empreintes trouvées sur le lieu d'un crime avec toutes celles des gens arrêtés par la police.

Des policiers

Il existe différents services de police. En voici quelques-uns...

La brigade des stupéfiants

Ces policiers luttent contre les trafics de stupéfiants, c'est-à-dire de drogues. Ils sont aidés par des chiens spécialement dressés, qui flairent l'odeur de la drogue à travers les valises.

La brigade des mineurs

Dans ce service, on vient en aide aux enfants qui ont été maltraités. On les écoute pour savoir ce qui leur est arrivé. Et on recherche les adultes qui leur ont fait du mal, pour les punir.

Les services de renseignements

Discrètement, ils surveillent le pays et informent le gouvernement de ce qui peut être dangereux. Les Renseignements généraux (RG) recueillent des informations sur ce qui se passe un peu partout. La Direction de la surveillance du territoire (DST) repère les espions étrangers et les terroristes.

Le Service de protection des hautes personnalités

Voici les gardes du corps du président de la République. Ils le protègent quand il se déplace. Et ils veillent à la sécurité de personnes importantes en visite chez nous. Des gendarmes les accompagnent.

Des gendarmes

Il existe plusieurs unités de gendarmerie. Chacune a une mission précise.

Le GIGN

Ce groupe intervient dans les moments très difficiles, une prise d'otages, par exemple. Rapides et très entraînés, ces hommes maîtrisent les sports de combat, l'escalade, le tir, la descente d'un hélicoptère par câble...

La gendarmerie maritime et nautique

Maîtres nageurs, plongeurs, pilotes de vedette... Ces gendarmes parcourent les bords de mer, les lacs et les fleuves. Ils enquêtent, font des recherches en cas de pollution et aident les gens en danger.

La gendarmerie de montagne

Ces gendarmes sont des spécialistes du ski et de l'alpinisme. En montagne, ils recherchent des malfaiteurs, évitent des accidents et portent secours aux blessés.

La gendarmerie de l'air

Ses membres patrouillent dans les aéroports et les bases aériennes militaires. Ils surveillent les pistes, les tours de contrôle, pour empêcher les attentats. Et ils enquêtent en cas d'accident d'avion.

D'autres gendarmes

Et il y a aussi : les maîtres-chiens, les gendarmes spéléologues, les gendarmes mobiles, les parachutistes, les gendarmes de l'environnement...

Les CRS

Les CRS sont aussi chargés de la police de la route.

Les compagnies républicaines de sécurité, qu'on appelle les CRS, sont des unités de policiers mobiles. Ils se déplacent partout. On fait appel à eux pour venir en renfort et rétablir l'ordre.

Les CRS surveillent
le déroulement
de la manifestation.

Les CRS aident les autres
policiers à lutter contre
les délinquants (ce sont
de petits malfaiteurs)
et contre les trafiquants
de drogue.

Le car sert à transporter les CRS sur les lieux où l'on a besoin d'eux.

D'autres missions

Les CRS sont chargés de la surveillance et du secours sur les plages et en montagne. Ils escortent aussi le président de la République.
Et ils participent à des actions de prévention routière auprès des jeunes.

Les gendarmes mobiles

Comme les CRS, ces gendarmes viennent en renfort lors de manifestations, de catastrophes naturelles (une inondation par exemple) ou d'événements importants. Ils assurent la sécurité publique et protègent les sites militaires nucléaires.

Sur la route

En matière de sécurité routière, il y a des règles à respecter pour éviter de causer un accident. Les gendarmes veillent. Quand les conducteurs les voient, ils font attention car ils craignent d'être punis !

Pour vérifier si les conducteurs ont le droit de conduire, on contrôle leurs papiers.

Quand il y a un accident, l'unité d'intervention arrive très vite. Les gendarmes protègent les lieux pour éviter que d'autres voitures ne heurtent celles qui sont déjà accidentées. Ils réconfortent les passagers. En cas d'accident grave, ils font aussitôt venir les pompiers.

L'Alcootest

Il indique combien le conducteur a consommé d'alcool. On ne doit pas conduire après en avoir trop bu.

Les gendarmes des brigades rapides d'intervention (BRI) sont les plus rapides de France. Ici, ils filent pour rattraper le chauffard qui roule à gauche.

Apprendre aux enfants

Les gendarmes enseignent aux enfants les règles de sécurité routière. Ils leur font faire des parcours à pied et à vélo sur des pistes spéciales. Attention, il faut bien respecter les panneaux de signalisation !

Ici, la vitesse est limitée à 90 km/h. Interdit de rouler plus vite : ce serait dangereux !

Les chauffeurs de camion sont obligés de se reposer souvent. Sinon ils pourraient s'endormir au volant ! Les gendarmes vérifient cet appareil qui enregistre leurs moments de repos.

Gare aux contraventions !

En ville aussi, les gendarmes (et les policiers) surveillent les conducteurs. Si l'un d'eux se gare sur un stationnement interdit, il risque d'avoir une contravention : c'est une somme d'argent à payer. S'il roule trop vite ou brûle un feu rouge, cela peut lui coûter très cher !

32 La surveillance aux frontières

Dans les aéroports internationaux, les grandes gares et les ports, la police aux frontières veille à la sécurité et au respect des règles.

Une tâche dangereuse

L'artificier ouvre avec grand soin les colis ou les bagages suspects. S'ils contiennent une bombe, il sait la désamorcer. Le robot démineur l'aide, il peut tirer des capsules d'eau pour ouvrir le paquet et désarmer la charge explosive.

Le douanier n'est pas un policier. Lui aussi recherche les différents trafiquants. Il fait des contrôles à l'aéroport et un peu partout dans le pays.

Beaucoup d'animaux exotiques sont protégés, il est interdit de les vendre et de les acheter.

Ici, les armes sont interdites. La police guette les terroristes qui pourraient détourner un avion ou faire exploser une bombe.

À l'aide du chien, on recherche des traces de drogue ou d'explosifs.

Les polices de différents pays s'entraident pour lutter contre les trafics.

Interpol

Interpol est une organisation internationale de police criminelle. Les policiers de 182 pays échangent leurs informations et unissent leurs efforts pour lutter contre le crime, les enlèvements, le terrorisme, le trafic d'œuvres d'art, de faux billets ou de drogue.

Pour séjourner dans un pays et surtout pour y travailler, il faut une autorisation. La police vérifie que ce voyageur n'est pas un immigré clandestin.

34 La garde républicaine

Quels beaux uniformes ! Voici les gardes républicains. À pied, à cheval ou à moto, ces gendarmes en grande tenue sont un peu à part...

Les cavaliers surveillent des bois et des forêts de la région parisienne.

Cette unité défend les lieux où l'on prend les grandes décisions pour le pays et elle protège les personnes importantes de l'État.

La garde républicaine se trouve à Paris.

Ici, les gardes défilent pour le 14 Juillet.

Les gardes républicains participent aux cérémonies et aux manifestations officielles.

L'écusson

Il raconte l'histoire de la garde républicaine et il porte de nombreux symboles.

Sur le Tour de France

L'escadron motocycliste escorte les coureurs du Tour de France. Ces motards assurent la sécurité des cyclistes, ils leur ouvrent la route, empêchent la foule de les gêner, surveillent les véhicules autour d'eux.

Que le spectacle commence !

Parfois les gendarmes et les policiers donnent des spectacles. Au programme : acrobaties à moto et concerts !

En grande tenue d'escorte, les motocyclistes réalisent le carrousel.

Seuls ou à plusieurs, les acrobates font des numéros d'équilibre et des sauts.

Très près l'un de l'autre, ils forment un ballet : ils se frôlent, lentement ou très vite, ils exécutent des virages et des croisements.

Les motos sont lourdes et les motards montrent qu'ils les maîtrisent parfaitement.

La batterie-fanfare

À Paris, le président de la République, en déplacement officiel, est accompagné en musique par la batterie-fanfare de la garde républicaine. Avec ses tambours et ses clairons, cet orchestre accueille aussi les chefs d'État étrangers.

Le concert des CRS

Certains policiers sont aussi des musiciens professionnels. Ils se groupent en formations musicales et donnent des concerts. En voici un donné par les CRS dans une grande salle. En avant la musique !